Kerstin Stefanie Rothenbächer

Sei mein Sternenlicht

Dieses Buch widme ich

Rita und Heinz

Für all die wunderbaren Momente!

Verlag & Druck:
tredition GmbH
Halenreie 40-44
22359 Hamburg

Bibliografische Information der Deutschen Nationalbibliothek
Die Deutsche Nationalbibliothek verzeichnet diese Publikation in der Deutschen Nationalbibliografie; detaillierte bibliografische Daten sind im Internet über http://dnb.d-nb.de abrufbar.

ISBN 978-3-347-34204-0 (Paperback)
ISBN 978-3-347-34205-7 (Hardcover)
ISBN 978-3-347-34206-4 (e-Book)

Wo ist nur das Wunder?

Jeder Tag so gleich,
kein Lachen im Gesicht.
Träume mich hinfort,
wo meine Mauer bricht.

Halte mich zurück,
mein Feuer wird vergehen
und doch wird die Welt
sich einfach weiter drehen.

Fühle mich verschwinden,
kein Luftzug füllt die Kraft.
Wo ist nur das Wunder,
das mir Gewissheit schafft?

Lausche meinem Pulsschlag,
bis die Stille siegt.
Ein Wort nur von Dir,
dass mein Herz wieder fliegt!

Vom Teufel geküsst

Vom Teufel geküsst
hält meine Seele in Schach.
Wage ich es oder nicht?
Meine Sinne sind wach.

Vom Taumel erfasst,
mein Kopf schaltet sich ab.
Darf ich mich ergeben?
Die Optionen sind knapp.

Vom Verlangen gepackt,
heiße Glut in meinen Venen.
Ich stürze in den Traum,
der Spiegel für mein Sehnen.

Vom Regenguss gestoppt,
spüre das Echo in mir.
Ich strecke meine Waffen,
fand mein Wunder in Dir.

Ein Berg aus Nichts

Ein Meer aus Worten,
doch keins macht wirklich Sinn.
Halt den Atem an,
sieh mich, wie ich bin.

Eine Hand voll Glaube,
nur Knochen sind noch da.
Ball Deine Fäuste,
mach meine Träume wahr.

Einen Himmel aus Visionen,
doch kein Stern ist zu sehen.
Lass den Regen fallen.
Ich muss weitergehen!

Ein Herz ohne Liebe.
Ich reiß es raus aus mir.
Öffne meine Flügel
und flieg fort von Dir.

Dass es Dich gibt

Dass es Dich gibt
macht jedes Gewitter zahm,
kein Donner erschreckt mich
in Deinem Arm.

Dass es Dich gibt
lockt meine Würde hervor,
so lange begraben
und fast schon verloren.

Dass es Dich gibt
malt Blumen in mein Leben,
tausend bunte Blüten
auf all meinen Wegen.

Dass es Dich gibt
hält unsere Uhren an,
mit jeder Sekunde komm ich
näher an Dich ran.

Dass es Dich gibt
tropft Honig in mein Herz
nur Deine süße Liebe
treibt mich himmelwärts.

Meine Schlucht

Mein Herz ist eingesperrt,
immer nur bedrückt.
All die vielen Stürme
machen mich verrückt.

Mein Kopf explodiert,
kann rein gar nichts fühlen.
All die vielen Fluten,
sitz zwischen allen Stühlen.

Mein Leben ist verdreht,
es gibt nichts Echtes mehr.
All die vielen Schmunzler
sind zu lange her.

Mein Tag versinkt in Schwarz,
ich falle abgrundtief.
Lass die Monster siegen,
die ich selber rief.

Märchenland

Die Welt durch
Deine Augen sehen,
so neu und doch bekannt.

In Deinen Träumen
spazieren gehen,
das edle Märchenland.

Die Tiefe in
Deinem Wort erfahren,
so echt und voller Kraft.

In Deinem Kopf
das Wunder wahren,
ein Meer voll Leidenschaft.

Die Farben in
Deiner Seele erkunden,
so stimmig in Fantasie.

In Deinem Herz
meinen Platz gefunden,
die schönste Melodie.

Im Feuerhagel

Scharf zieht der Nebel vorbei,
in Deinem Arm ist es mir einerlei.
Hart rollen Steine in den Weg,
Deine Nähe baut uns einen Steg.

Fest umschlingt uns das Eis,
doch jeder Blick von Dir ist heiß.
Stetig erreichen uns Pfeile aus Gift.
Du sorgst dafür, dass keiner trifft.

Wild schleudert uns der Sturm herum,
Deine Hände nehmen ihm den Schwung.
Zornig pflügt der Neid einen Graben.
Alles nur, weil wir uns haben.

Ewig wird die Welt uns hassen.
Wir dürfen sie nicht siegen lassen.
Mit Dir im Feuerhagel stehen,
sollen sie doch zum Teufel gehen!

Wo ist mein Licht?

Mein Kampf durchs Dickicht,
jeder Schritt ist zu schwer.
Wo ist mein Licht?
Ich finde es nicht mehr.

Verliere meine Milde,
mein Sehnen verändert mich.
Ich würde alles tun,
damit es nicht zerbricht.

Ich spüre schon die Kälte,
bald ist nichts mehr da.
Verloren ist mein Himmel,
nichts ist, wie es war.

Messer in meinem Herzen,
Tränen in meinem Blick.
Ungehört mein Flehen:
Bitte komm zurück!

Hinter meiner Maske

Du siehst mich lächeln
und hältst meine Hand,
doch zwischen uns ist
eine haushohe Wand.

Versteckt hinter meiner Maske
träume ich mich weit fort,
wo wir echt sind
und Liebe mehr als ein Wort.

Du stiehlst meine Wärme,
ohne Wert ist Dein Schwur.
Nie brichst Du mein Eis
oder kommst mir auf die Spur.

Tief in mir drin
lasse ich Dich gehen,
um endlich ich zu sein
und zu mir zu stehen.

Du schaust in meine Augen
und in mich hinein.
Halte mich nicht fest:
ich will glücklich sein.

Träne um Träne

Träne um Träne
löscht das Licht in mir.
Vergeblich halte ich
Ausschau nach Dir.

Klopfen um Klopfen,
mein Herz ist außer sich.
Es schlägt nun allein
und trotzdem nur für Dich.

Schritt um Schritt,
doch niemals komme ich an.
Alle meine Zeichen
stehen auf Alarm.

Zwinkern um Zwinkern,
wer ist da an der Tür?
Die Welt hat mich zurück.
Du bist wieder hier!

Flut

Wir schwimmen hinaus
immer gegen den Strom.
Kommen wir wirklich an.
Wer weiß das schon?

Jeder kämpft für sich,
in den Fluten versinken.
Halt meine Hand,
ich will nicht ertrinken.

Vor uns nur der Horizont,
wo die Sonne untergeht.
Die letzte Welle ist hoch
und für uns zu spät.

Wir treiben wie Trümmer
im stürmischen Meer.
Du und ich,
uns gibt es nicht mehr.

Goldleuchten

Ein winziger Hauch von Dir
und Du vertreibst die Schatten,
blendest sie auf, meine Welt.

Gold leuchtet
auf alles, was wir je hatten
und jeder Tag mit Dir zählt.

Ein winziges Wort
lässt alle Donner verschwinden,
bringt Wahrheit in mein Leben.

Unsere Freiheit heißt
sich immer neu zu finden
auf leichten und schweren Wegen.

Ein winziges Zwinkern
und mein Funke fliegt zu Dir.
Hier fühl ich mich daheim.

Sterne mögen fallen,
nichts zerstört unser wir:
mein Glück bist Du allein!

Verlieren und versinken

Verlieren und versinken
ein einziger Albtraum meine Welt.
Kein Blick zum Himmel
meine Hoffnung fällt und fällt.

Zerbrechen und verfaulen
kein Weg führt aus den Schatten.
Verborgen in mir drin,
die Liebe, die wir hatten.

Zerstört und unbewohnt
mein verzweifeltes Herz schreit.
Ich geb Dich aus der Hand
im Tausch gegen die Einsamkeit.

Fantastisch und voll Leben,
die Zeit, die kommen mag,
wenn ich endlich erkenne:
Ohne Dich bin ich stark.

Ich möchte nicht gehen

Ich möchte nicht gehen,
es ist schön in Deinem Arm.
Seit ich Dich kenne,
ist es in mir so warm.

Ich möchte nicht bleiben,
wenn Du den Weg verlässt.
In meinen Träumen
halte ich Dich immer fest.

Ich möchte nicht vergessen,
wie Dein Lachen klingt.
Ich fühle es,
Du bist für mich bestimmt.

Ich möchte nicht verlieren,
mir wird ganz bang davon.
Nimm doch meine Hand,
mein Herz hast Du schon.

Flammen

Ein Blitz lässt
mein Herz in Flammen stehen.
In den Tiefen Deiner Augen
werde ich untergehen.

Deine Lippen
versprechen mir ein Wunder.
Meine Sinne erwachen
und brennen wie Zunder.

Dein Flüstern
zaubert mir Gänsehaut,
Du hast meinem Kopf
den Verstand geraubt.

Deinen Schritten
folgen voraus ins Licht.
Deine Worte hören:
Ich bin die Welt für Dich!

Kein Wunder für mich

Abgrundtief ist das Loch,
das Du hinterlassen hast.
Kein Streifen am Horizont,
den Himmel knapp verpasst.

Zähle die Stunden,
die sich wie Tage ziehen.
Würde so gern
der Einsamkeit entfliehen.

Ich halte mich fest
an dem Wunder „vielleicht“.
Mein Herz will es glauben,
doch es scheint zu leicht.

Wenn ich Dich nicht
gehen lassen kann,
darf ich nicht hoffen
auf einen Neuanfang.

Raus

Fremd, wie Du mir bist,
so kenn ich Dich nicht mehr.
Raus aus meiner Hand,
jede Geste ist leer.

Seicht ist Deine Musik,
hat ihre Kraft verloren.
Raus aus meinem Kopf,
Gift für meine Ohren.

Spott in Deinen Augen,
wo früher Glitzern war.
Raus aus meinem Herz,
Dein Blick ist nicht klar.

Schwarze falsche Seele
habe ich zu spät erkannt.
Raus aus meinem Leben,
ich baute nur auf Sand.

Mit Deinem Leuchten

Mit Deinem Leuchten
stellst Du alle an die Wand,
so schön und so wild,
raubst mir den Verstand.

Mit Deiner Stärke
zündest Du meine Kerzen an.
Ich vergesse die ganze Welt,
lieg ich in Deinem Arm.

Mit Deinen Küssen
wird zu Lava mein Blut.
Ich will immer mehr
und treibe fort in der Flut.

Mit Deinen Worten
lässt Du mich an Dich heran.
Ich sehe Dein wahres Ich
und ergeb mich Deinem Bann.

Sand durch meine Hände

Sand durch meine Hände
und die Körner fallen tief.
Stück für Stück löst sich auf.
Seit wann läuft es schief?

Sekunden sind Stunden,
mein Herz unter Beschuss,
drehe zurück den Zeiger
bis zum allerletzten Kuss.

Völlig leer ist das Glas,
ausgetrunken der Sekt.
Meine Traurigkeit
ist nicht gut versteckt.

Stille ist das, was bleibt,
wünsch mir den Sturm zurück.
Keine Worte können es heilen,
zerstört ist mein Glück.

Geheimnis der Sonne

Meine Sehnsucht ist ein Schatten,
der auf meiner Seele liegt.
Ein Schatten voll Geheimnis,
denn ich habe Dich geliebt.

Meine Träume sind Vögel,
die ihren Weg nicht zu Ende flogen.
Sie stürzten ab,
denn Du hast mich betrogen.

Meine Hoffnung ist eine Rose,
die ihren Duft verlor.
Sie verwelkte
schon so lang davor.

Meine Liebe war Deine Sonne,
die Dich wieder lachen ließ.
Doch ihre Wärme blieb,
als ich Dich verließ.

Du bist nicht allein

Zerrissen ist dein Herz,
Du hältst es gut versteckt.
Ich halt den Kitt bereit,
Du bleibst nicht unentdeckt.

Verbogen ist die Krone,
sie machte Dich so stark.
Ich schlag die Dellen raus,
so gut ich es vermag.

Zerfallen ist die Welt,
kein Stein steht, wo er war.
Ich will Dein Kompass sein,
dann siehst Du wieder klar.

Verloren ist Dein Kampf,
Du willst kein Held mehr sein.
Ich reiche Dir meine Hand,
denn Du bist nicht allein.

Jetzt bist Du stumm

Ich zähle meine Schritte,
sie führen nirgendwohin.
Doch ich halte nicht an.
Weiß nicht, wer ich bin.

Ich tappe in die Falle,
bau die Welt um Dich herum.
Glaubte all deinen Lügen
und jetzt bist Du stumm.

Ich schreie laut nach Dir,
doch Dich erreicht kein Ton,
lass Dich in mich sehen,
doch was nützt das schon?

Ich folge Deinem Weg,
die Spuren sind verwischt.
Komm ich auch niemals an,
mein Herz begreift es nicht.

Herzschlag

Ein Zwinkern für mich
und ich lese viel heraus.
Für jeden Wimpernschlag
gibt es Applaus.

Ein zufälliges Streifen
und alle Fasern erschauern.
Jede gefühlte Nähe
darf stundenlang dauern.

Einen Hauch Deiner Luft
saug ich tief in mich rein.
Jeder Atemzug beflügelt,
lässt mich bei Dir sein.

Ein Stück Deines Herzens
wünsche ich mir so sehr.
Jeder Schlag wie eine Bombe,
Du gibst es nicht her.

Mein Himmel

Mit Deinen goldenen Worten
lässt Du mich niedersinken,
will in der Gier nach Dir ertrinken.

Der Glanz Deiner Seele
schickt Lichtkegel in die Welt,
ich werde versengt von Dir, mein Held.

In Deinen starken Armen
fühl ich mich maßlos frei,
meine Wirklichkeit ist mir einerlei.

Der Platz an Deiner Seite
könnte mein Himmel werden,
lass mich nicht in Deinem Blick sterben.

Zwischen den Zeilen

Ich höre Dein Flüstern,
die Zeilen zwischendrin.
Jedes Wort ein Juwel
gibt meinem Leben Sinn.

Ich spüre Dein Herz,
das von Liebe erzählt.
Es klopft mit mir im Takt,
fühl mich so erwählt.

Ich atme Deinen Duft,
hüllt mich in Goldnebel ein.
Es zählt nur noch Gefühl,
Haut an Haut mit Dir sein.

Ich glaube Deinem Blick,
er trifft mich wie ein Stich.
Du hast mich in der Hand
und ich ergebe mich.

Ein einzelner Stern

Bin ich nur
ein einzelner Stern?
Wo gehöre ich hin
und wo sieht man mich gern?

Treibe ich
als Sandkorn im Wind?
Wer bricht das Eis
und erkennt mich blind?

Welcher Welle
gehöre ich an?
Wie tief falle ich
und zerbreche ich daran?

Warum ist
mein Schatten zu zweit,
wenn nur Kälte
ist hier weit und breit?

Gib mir zurück

Gib mir zurück
die Arme, die mich hielten.
Ich verlor das Spiel, das wir spielten.

Gib mir zurück
die Nächte eng umschlungen.
Dich zu halten, ist mir nicht gelungen.

Gib mir zurück
die Seele, der ich verfallen,
alle Schwüre, die tonlos verhallen.

Gib mir zurück
den Grundstein in meinem Sein.
Mein Himmel erfüllt sich durch Dich allein.

Es war einmal

Es war einmal ein Held,
als der Traum begann,
besiegte die Dunkelheit
zog mich in seinen Bann.

Es war einmal ein Herz,
hielt mich fest in sich,
bestimmte meinen Takt,
Schlag um Schlag für mich.

Es war einmal ein Stern,
erleuchtete meinen Pfad,
versprach mir eine Zukunft
doch nun falle ich hart.

Es war einmal ein Wir,
jetzt stehe ich so allein,
kein Wort und kein Gefühl
das kann kein Märchen sein!

Sanfter Kuss

Sanfter Kuss
von Mund zu Mund
macht meine Kanten wieder rund.

Heller Schein
von Auge in Auge
dreht mein Misstrauen in Glaube.

Tiefer Sinn
von Wort zu Wort
wischt meine Zweifel alle fort.

Leiser Schwur
von Seele zu Seele
zeigt das Wunder, das ich wähle.

Heißer Funken
von Nacht zu Nacht,
wäre ich nur nie aufgewacht.

Sehnsucht führt zum Ziel

Ich spüre in Dich rein,
Sehnsucht führt zum Ziel.
Halte niemals an – ich will so viel.

Ich treibe mit der Flut,
Rettung ist fatal.
Hör niemals auf – sonst wird es schal.

Ich koste deine Haut,
verlier mich in Begehr.
Führ mich in Versuchung hin und her.

Ich komme bei Dir an,
nimm mich ganz und gar.
Ich gehöre Dir und es wird wahr.

Verliebt in einen Traum

Dich kennenlernen
war ein Staunen in mir drin.
Wie Du die Welt siehst,
gibt allem einen Sinn.

Dich liebgewinnen
in Herz und in Verstand.
Es fühlt sich an,
als hätte ich Dich ewig schon gekannt.

Dich reinzulassen,
wo vorher niemand war.
Ich öffne Dir meine Seele,
vertraue ganz und gar.

Dich festzuhalten,
ich wünsche es mir so sehr.
Komm aus meinem Traum:
Ich will so viel mehr.

Abschied

Sie hält mich gefangen,
die Dunkelheit in mir.
Kann sie nicht brechen,
verdammt mich einsam hier.

Sie lähmt und geißelt mich,
kein Atemzug kommt an.
Hagelkörner treffen,
komm nicht an Dich heran.

Sie bestimmt meinen Tag,
zerreißt jedes Gefühl.
Dein Dolch ist scharf
und sucht nach seinem Ziel.

Sie währt schon so lang,
ich kenn kein Leuchten mehr.
Da findet mich seine Hand
Abschied fällt nicht schwer.

Wie eine Sucht

Wie eine Sucht
zieht es mich zu Dir,
kann es nicht erwarten,
dass ich mich verlier.

Wie eine Woge,
die über mich fällt,
dieser eine Moment:
Alles, was zählt.

Wie eine Lunte
bereit zur Explosion.
Halte nicht an,
bin so unter Strom.

Wie eine Träne,
rinnt mir durchs Gesicht.
Du bist so fern
und findest mich nicht.

In tiefer Nacht

Du kamst in tiefer Nacht,
die fordernden Hände wie Krallen.
Erstickter Schrei,
wenn Deine Worte verhallen.

Du flüsterst Zauberworte,
ich bin von Dir gefangen.
Folge deiner Sehnsucht,
muss um mein Herz bangen.

Du hauchst mir Feuer ein,
bis meine Lippen brennen.
Dein Blick bannt mich,
kein Schwert kann uns trennen.

Du malst mir einen Traum,
ein Leben lang Du und ich.
Du gehst am hellen Tag:
Du kennst die Liebe nicht!

Deine Liebe

Deine Worte tragen mich fort,
bewahre sie tief in mir.
Jede Silbe hält ihr Versprechen,
bringt mich näher zu Dir.

Deine Stimme lässt mich fliegen.
Ein Schuss Deiner Poesie
zaubert mir Gänsehaut,
macht mir weiche Knie.

Deine Wärme steckt mich an,
wie sie durch meine Venen fließt,
ein Strom des wahren Glücks,
den Du in meinen Augen liest.

Dein Kuss erreicht mein Herz,
webt seine Macht darin ein.
Lass es für immer währen:
Ich gehöre nur Dir allein.

Führ mich zur Sonne

Halt mich fest,
führ mich zur Sonne.
Ich will ihren Glanz in mir spüren.

Nimm meine Hand,
was immer mag kommen.
Ich lass mich gerne von Dir führen.

Trag meine Last
mit Deinen leichten Flügeln.
Ich küss den Horizont mit Dir.

Glaube an mich
und lass es wiederspiegeln.
Ich liebe unseren Traum vom wir.

Heimliche Blicke

Heimliche Blicke,
mein Grinsen versteckt,
hast tausend verbotene
Wünsche geweckt.

Verstohlenes Tasten,
elektrisierte Hände,
mein Puls auf 200,
Gefühl ohne Ende.

Wisperndes Flirten,
die Augen voller Sterne,
dass wir uns kriegen
liegt in weiter Ferne.

Kribbeln im Bauch,
mein Herz spürt die Glut.
Hör nie damit auf,
es tut mir so gut!

Meine Träume von Dir

Meine Träume von Dir
lodern wie Feuer.
Jeder Funke trifft ins Ziel.

Ich tanze im Licht
und dreh mich schneller.
Sie versprechen mir so viel.

Mein Hunger nach Dir
aufwühlend wie Sturm.
Jede Zelle muss erzittern.

Ich lass mich fallen,
folge der Symphonie,
kann die Chance wittern.

Meine Frage an Dich,
stumm wie ein Gebet.
Jedem Zweifel gebe ich nach.

Ich ziehe mich zurück,
höre auf den Kopf,
da küsst Du mich wach.

Mit einem Wink

Mit einem Wink zündest Du
die Feuer in mir an.
Kein Wunder, dass ich Dir
nicht widerstehen kann.

Mit einem Zwinkern lässt Du
mich alle Rätsel sehen.
So klar kann ich die Welt
durch Deine Augen sehen.

Mit einer Geste holst Du
meinen Stolz ans Licht.
Mein Lächeln gewinnt
und erfüllt sich durch Dich.

Mit einem Kuss dringst Du
zu meiner Seele hinein.
Ich lass Dich nicht raus,
denn Du bist mein!

Ich bin nur eine Farbe

Ich bin nur eine Farbe
in all dem Bunt,
leuchte stets im Hintergrund.

Ich bin nur ein Tropfen
im weiten Meer,
treibe verborgen hin und her.

Ich bin nur ein Blatt
im großen Wald,
wirble durch die Lüfte ohne Halt.

Ich bin nur ein Kristall
in einer Welt aus Eis,
solange Du nichts von mir weißt.

Ich hab Dich geträumt

Ich hab Dich geträumt
tausend Nächte lang.
Ich schwebe durchs All
und halte nicht an.

Ich hab Dich erdacht,
lebst in meiner Fantasie.
Blitze in meinem Kopf,
pulsierende Energie.

Ich hab Dich erwählt,
Dich in Wolken gemalt.
Ich schwärme Dich an,
mein Himmel strahlt.

Ich hab Dich gefühlt,
Dein Zauber ist nah.
Komm in meine Welt
und mach es wahr.

Funken sprühen

Funken sprühen in meiner Seele.
Weißes Gold fließt in mich rein.
Dass ich keine Zeit mehr zähle,
denn ich bin nicht mehr allein.

Nadeln tanzen auf meiner Haut.
Weiche Federn kitzeln mich.
Dass ich mir Genuss erlaubt,
denn Du hast mich erwischt.

Blütensegen in meiner Luft
wirbeln Freude in mir auf.
Dass ich versinke in Deinem Duft,
denn die Liebe nimmt ihren Lauf.

Sterne regnen auf meine Welt.
Glitzer versperrt mir die Sicht.
Dass ich lebe, wie es mir gefällt,
denn Du bist der Mann für mich.

So leer mein Herz

So trist der Tag
von früh bis spät,
eine Sekunde wie Stunden vergeht.

So schwer der Schritt,
ich komm nirgends an.
Mein Weg endet, wo er begann.

So hart der Kampf,
kaum halte ich durch,
vor jedem Schlag dieselbe Furcht.

So müde der Kopf,
die Gedanken sind wirr.
Ich spüre, wie ich mich verlier.

So leer mein Herz,
hab verloren mein Glück.
Du kommst nie zu mir zurück.

Warum?

Was ist Traum und was ist wahr?
Bist Du immer für mich da?

Ist Liebe Wunsch oder Vision?
Was ist bei allem der Lohn?

Geb ich zu viel oder verlange mehr?
Ist es genug oder zu lange her?

Wieviel Gewohnheit kann ich vertragen?
Was davon darf ich Dich überhaupt fragen?

Wo ist mein Weg und wo gelange ich hin?
Bin ich verloren oder such unnötig Sinn?

Wer kann mir helfen - nur ich allein?
Weshalb kann ich nicht einfach
glücklich sein?

In meinen Träumen

In Deinen Armen liegen,
die Sterne in Deinen Augen sehen.
So lange gewünscht.
mit Dir Hand in Hand zu gehen.

In Deinem Kuss ertrinken,
tausend Blitze explodieren.
So lange ersehnt,
mich in Dir zu verlieren.

In Deinem Verlangen heilen,
ich fühl mich königlich.
So lange gehofft,
wird endlich wahr für mich.

In Deinem Leben bleiben,
unser Glück scheint wach.
So lange vermisst
und hält nur für diese Nacht.

Das Licht festhalten

Das Licht festhalten
tief in meiner Seele,
wie gerne würde ich!

Den Zauber bewahren
zwischen Dir und mir,
doch es gelingt mir nicht!

Den Schauer erfassen,
der mich durchströmt,
bei jedem Wink von Dir.

Das Lächeln einfrieren,
das Du mir schenkst,
macht auf die Herzenstür.

Die Schatten vertreiben,
die über uns ziehen.
Wir haben uns nicht erkannt.

Den Strudel bekämpfen,
der uns entzweit.
Wir bauten nur auf Sand!

Wie ein Regenbogen

Wie ein Regenbogen
zugleich traurig und schön:
Alle meine Träume vergehen.

Wie eine Vollmondnacht
magische Symphonie:
Ich kann nicht vor mir fliehen.

Wie ein Sternenzelt
so schön und doch so weit:
Für uns gibt es keine Zeit.

Wie ein Gewitter
gespannt und entladen:
Ich kann Dich nicht haben.

Wie ein Wasserfall
voll Zauber und Verderben:
All meine Wünsche sterben.

Ich träume mich ins Glück

Ich träume mich ins Glück
und lebe mein Gefühl.
Mein Himmel ist stets hell,
ich wünsch mir viel zu viel.

Ich sehe sie nicht,
die schwarze Qual.
Mach die Augen zu,
lass mir keine Wahl.

Ich spüre Deine Hand,
als wäre sie da.
Mein Paradies strahlt,
ich male es mir wahr.

Ich tauch in Dich ein,
meine Wirklichkeit ist blind,
bis ich es ertrage,
wie Deine Liebe zerrinnt.

Dir so nah

Deine Fingerspitzen
weich wie eine Feder
tanzen sanft auf meiner Haut.

Die Sehnsucht nach Dir
klettert stetig empor,
Töne in mir werden laut.

Dein Atem zaubert
Funken in die Luft,
heiße Spur auf meinen Poren.

Die Welt um mich herum
existiert nicht mehr,
neues Leben ist geboren.

Dein Herz klopft so laut,
wie ich meines höre.
Es ist Glück, das für uns scheint.

Die Nähe, die wir teilen,
hält Liebe bereit,
vollkommen ineinander vereint.

Wahrheit?

Kann ich glauben,
was ich sehe,
was davon ist wirklich wahr?

Ist das Lachen
in Deinen Augen
ganz alleine für mich da?

Kann ich wissen,
was du fühlst,
blick ich ernsthaft in Dich rein?

Ist Dein Herz
voll guter Wärme
oder ist es hart wie Stein?

Kann ich trauen
Deinen Worten,
Dir mein Mysterium gestehen?

Ist mein Zweifeln
schon das Ende,
lassen wir die Liebe gehen?

Ich gab Dir meinen Traum

Ich gab Dir meinen Traum,
setzte mein Herz auf Dich,
hielt den Stürmen stand,
stellte Dich ins Licht.

Ich gab Dir meine Kraft,
wenn Du am Abgrund warst,
baute Dir ein Schloss,
Liebe im Übermaß.

Ich gab Dir mein Vertrauen,
nahm Deine Tiefe auf,
warf Glücksklee in die Welt,
ging jeden Berg hinauf.

Ich gab Dir meine Hand,
wenn Du kein Land mehr sahst.
Nun stehe ich allein,
weil Du nichts geben magst.

Uns gehört diese Welt

Du suchst nach mir
und kommst mir nah.
Mich hast Du für Dich erwählt.

Deine Worte flüstern,
damit ich lächle.
Ich bin es, die für Dich zählt.

Du wagst Dich vor
und lässt mich sehen
die Schönheit, die in Dir liegt.

Deine Träume strahlen.
Da ist kein Zweifel.
Es ist das Gute, das bei Dir siegt.

Du hältst mich fest
und sicher im Arm,
kämpfst für mich wie ein Held.

Deine Liebe leuchtet
in meinem Herzen:
Uns gehört diese Welt!

Kerstin Stefanie Rothenbächer

… wurde am 14.06.1971 in Frankfurt geboren. Seit 1990 ist sie als Versicherungskauffrau tätig. Als sie 15 Jahre alt war, wurden die ersten beiden Gedichte in einem Sammelband veröffentlicht. 2007 wurde ihr erstes Buch herausgebracht. Es folgten Lesungen und Ausstellungen mit anderen Dichtungen. Mit neuen Werken ist sie regelmäßig Gast auf der Frankfurter Buchmesse.

Die Gedichte behandeln Liebe, wie sie das Leben schreibt, Tränen der Zeit, Träume und Wünsche und die Suche nach dem Menschen, der den Tag heller, die Sterne schöner und das Leben wundervoll macht. Der Glitzerseewald ist eine Fantasy-Trilogie um einen Jungen, der einer Elfe begegnet und mit ihr eine alte Schuld offenlegt, gegen zerstörte Träume kämpft und einen bösen Zauberer zu besiegen hofft.

Die Insel Katara handelt von zwei zerstrittenen Städten, Nördlingen und Südlingen. Die Froschaugen und Fusselbirnen liegen sich seit langer Zeit in den Haaren. Am schlimmsten jedoch trifft die Bewohner die Angst vor der Hexe Magissa, die sie mit Rätseln quält. Doch die Katarer geben sich nicht so schnell geschlagen und so machen sich vier Fusselbirnen auf, den Fluch zu brechen.

Aktuelle Gedichte und Infos findet Ihr unter

www.traumvondir.hpage.com
&
www.rothenbaecher.net

Eine weitere fantastische Geschichte auf

www.glitzerseewald.de

Auf Wunsch erhaltet Ihr Euer Buch auch signiert.

Viel Spaß beim Lesen!

Kerstin Stefanie Rothenbächer

CPSIA information can be obtained
at www.ICGtesting.com
Printed in the USA
BVHW071439210621
610124BV00003B/576

9 783347 342040